мактаб - ụlọ akwụkwọ	2
саёҳат - njem	5
нақлиёт - njem	8
шаҳр - obodo	10
ландшафт - odida obodo	14
тарабхона - ụlọ oriri na ọnụnụ	17
супермаркет - ụlọ ahịa	20
нўшокиҳои - ihe ọnụnụ	22
таъом - nri	23
ферма - ugbo	27
хона - ụlọ	31
меҳмонхона - ime ụlọ ezumike	33
ошхона - usekwu	35
ҳамом - ụlọ ịsa ahụ	38
ҳуҷраи кўдакона - ụlọ nwa	42
либос - uwe	44
идора - ụlọ ọrụ	49
иқтисодиёт - akụnụba	51
касбҳо - aka ọrụ	53
асбобҳо - ngwaọrụ	56
асбобҳои мусиқӣ - ngwa egwu	57
боғи ҳайвонот - zuu	59
варзиш - egwuregwu	62
фаъолият - ihe omume	63
оила - ezinụlọ	67
бадан - ahụ	68
бемористон - ụlọ ọgwụ	72
ҳолати фавкулодда - mberede	76
замин - Ụwa	77
вақт - elekere	79
ҳафта - izu	80
сол - afọ	81
баст - ụdị	83
рангҳо - na agba	84
мухолифат - mmegide	85
ададҳо - nọmba	88
забонҳо - asụsụ	90
ки / чиро / тавр - onye / ihe / olee	91
дар кучо - ebee	92

Impressum
Verlag: BABADADA GmbH, Nedderfeld 112 , 22529 Hamburg
Geschäftsführer / Verlagsleitung: Harald Hof
Druck: Books on Demand GmbH, In de Tarpen 42, 22848 Norderstedt

Imprint
Publisher: BABADADA GmbH, Nedderfeld 112 , 22529 Hamburg, Germany
Managing Director / Publishing direction: Harald Hof
Print: Books on Demand GmbH, In de Tarpen 42, 22848 Norderstedt, Germany

мактаб
ụlọ akwụkwọ

синф / n'ime ụlọ akwụkwọ

тақсим кардан / nkewa

тахтаи синф / obosara

саҳни мактаб / ogige ụlọ akwụkwọ

муаллим / onye nkuzi

қоғаз / akwụkwọ

навиштан / dee

ручка / mkpịsị ode akwụkwọ

мизи хатнависӣ / tebụl

ҷадвал / ngwaoru eji atu ihe osise

китоб / akwụkwọ

талаба / nwa akwụkwọ

чузвдон
akpa

қаламдон
akpa pensụl

қалам
pensụl

қаламтезкунак
nkọ pensụl

хаткуркунак
rọba

блокноти расмкашӣ
obosara ihe osise

расм	мӯқалами рассомӣ	қуттии рангҳо
ihe osise	ahịhịa agba	igbe agba

қайчӣ	ширеш	дафтари машқ
mkpa	mmapa	akwụkwọ mmega

вазифаи хонагӣ	рақам	ҷамъ кардан
ọrụ omume ụlọ	nọmba	tinye
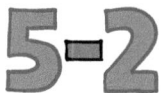		
кам кардан	зарб задан	ҳисоб кардан
wepụ	ba uba	gbakọọ

ҳарф	алфавит	калима
ozi	abiichii	okwu

мактаб - ụlọ akwụkwọ

матн
ederede

хондан
gụọ

бӯр
nzu

дарс
ihe mmụta

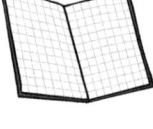
журнали синфӣ
deba aha

имтиҳон
ule

шаҳодатнома
asambodo

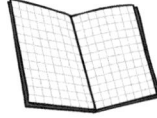
либоси мактабӣ
uwe ụlọ akwụkwọ

таҳсил/маориф
agumakwukwo

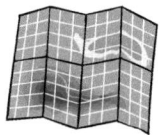
энсиклопедия
akwụkwọ nkà ihe ọmụma

донишгоҳ
mahadum

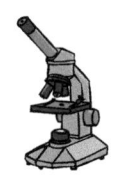
микроскоп (more frequently used)
mikroskopu

харита
maapụ

сабади партофҳои коғазӣ
nkata-ahihia

мактаб - ụlọ akwụkwọ

саёҳат
njem

меҳмонхона
nkwari akụ

хобгоҳ
ụlọ mbikọ

нуқтаи мубодилаи асъор
ebe mgbanwe ego

чамадон
akpa akwa

мошин
ụgbọ ala

забон
asụsụ

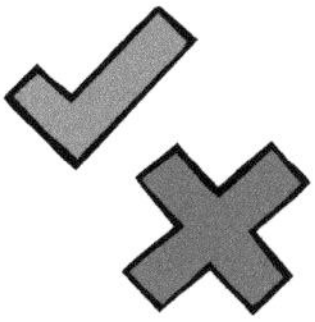

Ассалому алейкум
nnọọ

ҳа / не
ee / mba

тарҷумон
onye ntughari

Хуб
Ọdịkwa mma

Раҳмат
Daalụ

саёҳат - njem

чӣ қадар аст …?
ego ole bụ…?

Ман намефаҳмам
Aghọtaghị m

проблема
nsogbu

шаб ба хайр!
Mgbede ọma!

субҳ ба хайр
Ụtụtụ ọma!

шаби хуш
Ka chifoo!

хайр
ka ọ dị

равона
ntụziaka

бағоҷ
ibu

ҷузвдон
akpa

борхалта
akpa azu

меҳмон
ọbia

хона
ime ụlọ

хобхалта
akpa ụra

хайма
ụlọikwuu

саёҳат - njem

маълумоти сайёҳӣ

ozi njem nleta

соҳил

osimiri

корти кредитӣ

kaadị akwụmụgwọ

наҳорӣ

nri ụtụtụ

хӯроки пешин

nri ehihie

хӯроки шом

nri abalị

чипта

tiketi

лифт

mbuli

марка

stampụ

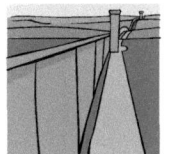

сарҳад

ókè

Гумрук

ndị kọstọm

сафорат

ụlọ ọrụ nnọchite anya obodo

раводид

visa

шиносномa

paspọtụ

саёҳат - njem

нақлиёт
njem

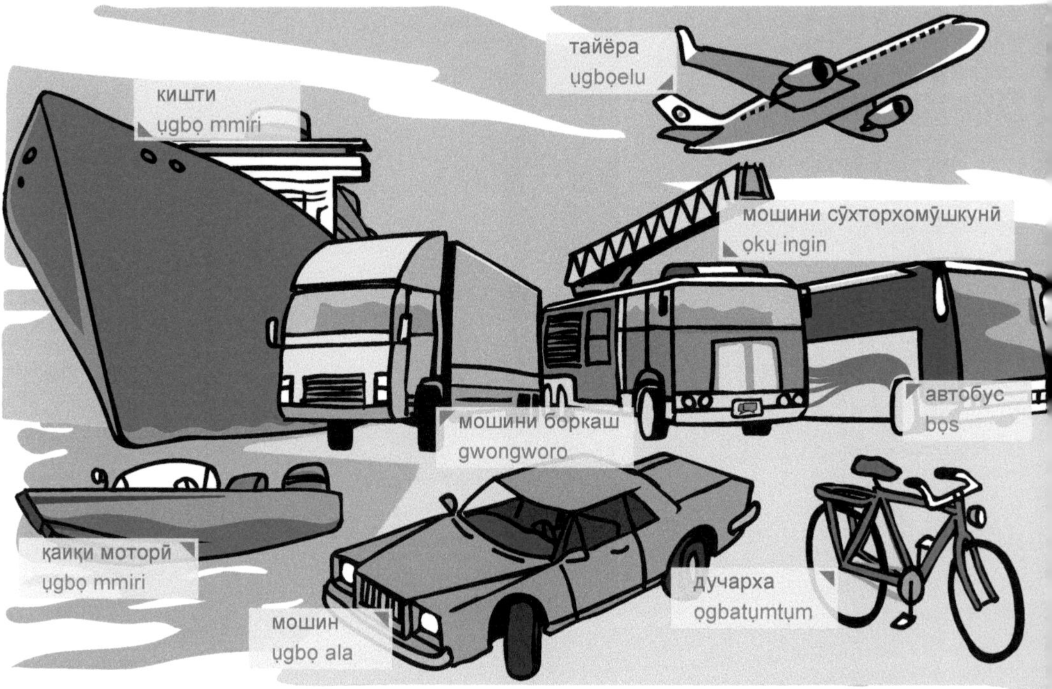

кишти
ugbọ mmiri

тайёра
ugboelu

мошини сӯхторхомӯшкунӣ
ọkụ ingin

автобус
bọs

мошини боркаш
gwongworo

қаиқи моторӣ
ugbọ mmiri

мошин
ugbọ ala

дучарха
ọgbatụmtụm

паром

ugbo

қаиқ

ugbọ mmiri

мотосикл

ọgba tum tum

мошини полис

ugbọ ala uwe ojii

мошини тезрави пойгаи

ugbọ ala na-agba ọsọ

кирояи мошинҳо

ugbọ ala mgbazinye

ҳамроҳ истифодабарии мошин

nkekọrịta ụgbọ ala

эвакуатор

gwongworo

павтовҷамъкунӣ

ụgbọala ntufu ahihia

муҳаррик

moto

сӯзишворӣ

mmanụ ụgbọala

нуқтаи фурӯши сӯзишворӣ

ebe ana ere mmanu

аломати роҳ

akara okporo ụzọ

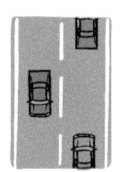

ҳаракат

okporo ụzọ

бандшавии ҳаракати роҳ

mkpọchị okporo ụzọ

ҷои исти мошинҳо

odu ụgbọ ala

истгоҳи роҳи оҳан

ọdụ ụgbọ oloko

роҳи оҳан

ụzọ

қатора

ụgbọ oloko

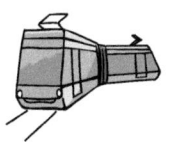

тамвай

ụgbọ oloko

вагон

ajụjụ

нақлиёт - njem

чархбол
helikopta

фурудгоҳ
ọdụ ụgbọ elu

манора
ụlọ elu

мусофир
onye njem

контейнер
akpa

щутии картонӣ
katọn

ароба
ụgbọ ibu

сабад
nkata

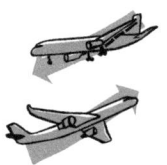
гирифтан / замин
gbapụ / ala

шаҳр
obodo

деҳа
obodo

маркази шаҳр
etiti obodo

хона
ụlọ

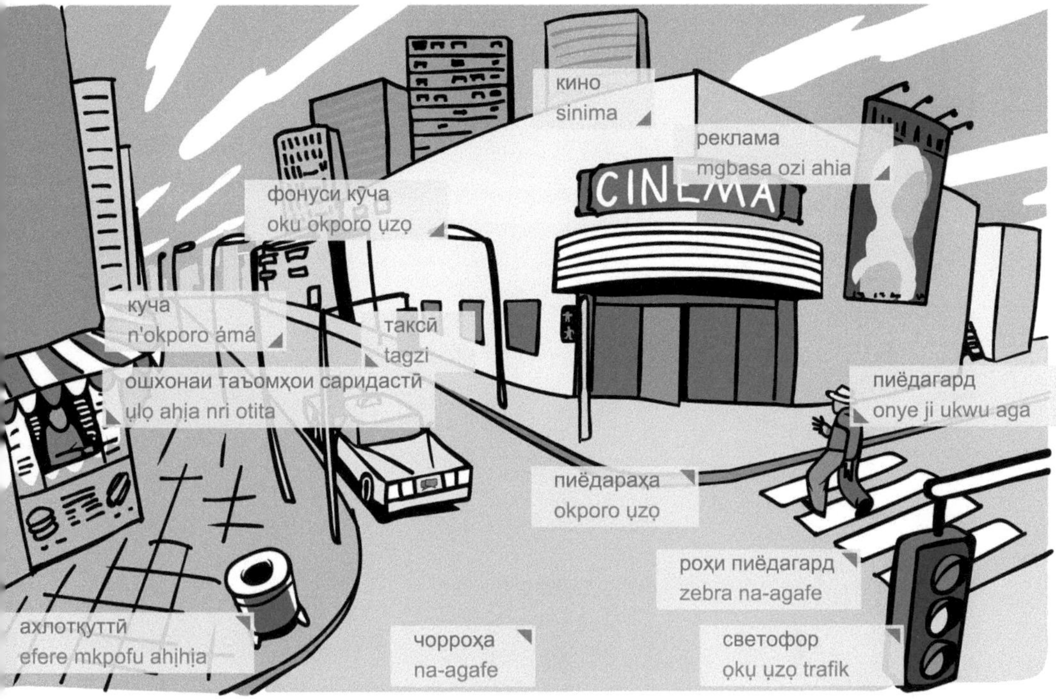

кино
sinima

реклама
mgbasa ozi ahia

фонуси кӯча
oku okporo ụzọ

куча
n'okporo ámá

такси
tagzi

ошхонаи таъомҳои саридастӣ
ụlọ ahịa nri otita

пиёдагард
onye ji ukwu aga

пиёдараҳа
okporo ụzọ

роҳи пиёдагард
zebra na-agafe

ахлотқуттӣ
efere mkpofu ahịhịa

чорроҳа
na-agafe

светофор
ọkụ ụzọ trafik

кулба
obi

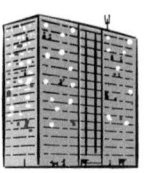

ҳамвор
ohiha

истгоҳи роҳи оҳан
ọdụ ụgbọ oloko

бинои маъмурияти шаҳр
nnukwu ọnụ ụlọ obodo

осорхона
ihe ngosi nka

мактаб
ụlọ akwụkwọ

шаҳр - obodo

донишгоҳ

mahadum

бонк

ụlọ akụ

бемористон

ụlọ ọgwụ

меҳмонхона

nkwari akụ

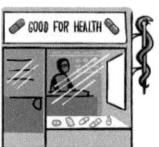

доухона

ahịa ọgwụ

идора

ụlọ ọrụ

сехи китоб

ụlọ ahịa akwụkwọ

сехи

ụlọ ahịa

мағозаи гулфурӯшӣ

onye ore fulawa

супермаркет

ụlọ ahịa

бозор

ahịa

универмаг

ngalaba ụlọ ahịa

мағозаи моҳифурӯшӣ

onye azụ

маркази савдо

ụlọ ahịa

бандар

ọdụ ụgbọ mmiri

шаҳр - obodo

парк
ogige

бонк
oche

пул
akwa ngafe

зинапоя
steepụ

метро
n'okpuruala

нақби
ọwara

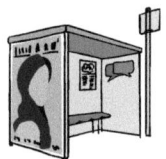

истгоҳи автобус
ebe bọs na-akwụsị

бар
ụlọ mmanya

тарабхона
ụlọ oriri na ọnụnụ

қуттии почта
igbe akwụkwọ ozi

аломати номи кӯчаҳо
akara okporo ụzọ

ҳисобкунаки исти мошинҳо
igwe nnara ego ndọba ụgbọala

боғи ҳайвонот
zuu

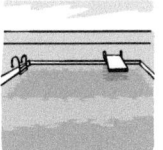

ҳавзи шиноварӣ
ebe igwu mmiri

масҷид
ụlọ alakụba

шаҳр - obodo

ферма
ugbo

ифлоскунй
mmetọ

қабристон
ili

калисо
ụlọ ụka

майдончаи бозӣ
ama egwuregwu

маъбад
ụlọnsọ

ландшафт
odida obodo

барг
akwụkwọ nri

аломати роҳнамо
akara

роҳ
ụzọ

алафзор
ahịhịa

сайёҳ
onye njem

санг
nkume

дарахт
osisi

дарё
osimiri

алаф
ahịhịa

гул
ifuru

водӣ
ndagwurugwu

кӯҳ
ugwu

кул
ọdọ mmiri

беша
ọhịa

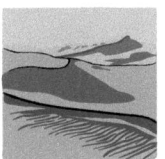

биёбон
ọzara

вулкан
ugwu mgbawa

қалъа
nnukwu ụlọ

рангинкамон
eke mmiri

занбӯруғ
ero

дарати нахл
nkwụ

хомӯшак
anwụnta

паридан
ofufe

мурча
agbeshi

занбур
añụ

тортанак
ududo

ландшафт - odida obodo

гамбӯсак
ahụhụ

қурбоққа
awọ

санҷоб
osa

хорпушт
oke ọhịa

харгӯш
oke oyibo

бум
ikwiikwii

парранда
nnụnụ

мурғи ку
Agbanye

хуки ваҳшӣ
ezi ọhịa

оҳу
mgbada

гавазн
anụ ọhịa

сарбанд
ihe mgbochi mmiri

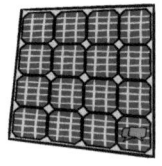

турбина шамол
ikuku igwe

панел офтобӣ
igwe anwụ

иқлим
ihu igwe

тарабхона
ụlọ oriri na ọnụnụ

пешхизмат
onye na-ebu nri

меню
ndeputa nri

курсӣ
oche

Pizza
pizza

шӯрбо
ofe

асбобу анҷоми хӯрокхӯрӣ
ngaji na nma

дастархон
ákwà tebụl

стартер/корандоз
mbịdo

хӯроки асосӣ
isi nri

десерт
mmeju nri

нӯшокиҳои
ihe ọnụnụ

таъом
nri

шиша
karama

тарабхона - ụlọ oriri na ọnụnụ

Хӯроки Тез Таёр мешуда

nri ngwa ngwa

хӯроки кӯчагӣ

nri n'okporo ámá

чойник

ketulu tii

шакардон

nnukwu efere shuga

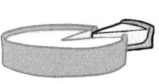

қисм/порча

òkè

мошини espresso

igwe kofi

курсии кӯдакона

oche dị elu

ҳисоб

ụgwọ

зарфмонак

efere obosara

корд

nma

чангол

ndụdụ

қошуқ

ngaji

қошуқча

ngaji tii

сачоқи қоғазӣ

akwụkwọ oche

истакон

iko

тарабхона - ụlọ oriri na ọṅụṅụ

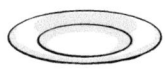
табақча
efere

косача
efere ofe

тақсимча
efere ihendori

соус
ihendori

намакдон
ite nnu

мурчдон
igwe ose

сирко
mmanya gbara ụka

равғани растанӣ
mmanụ

приправа
ngwa nri

кетчуп
ihe ndori

хардал
mọstad

майонез
mayonezi

тарабхона - ụlọ oriri na ọnụnụ

супермаркет
ụlọ ahịa

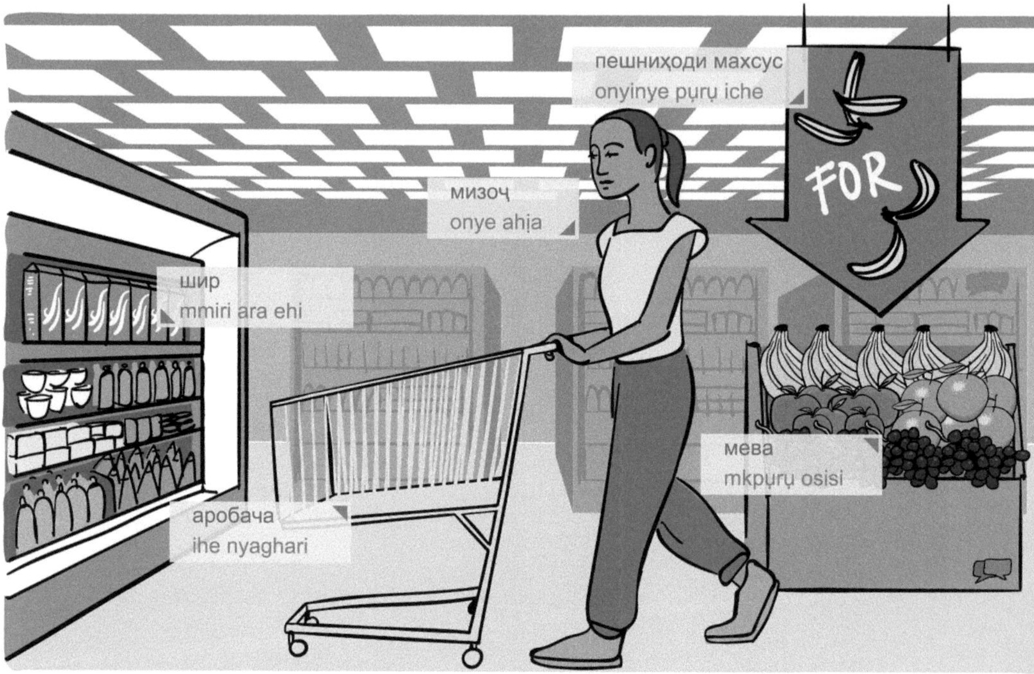

пешниҳоди махсус
onyinye pụrụ iche
FOR
мизоҷ
onye ahịa
шир
mmiri ara ehi
мева
mkpụrụ osisi
аробача
ihe nyaghari

BUTCHERS

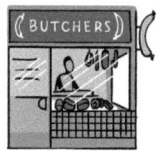

дукони гӯштфурӯшӣ

igbu anụ

BAKERY

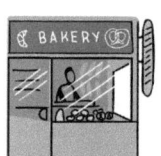

дукони нонфурӯшӣ

onye ome achịcha

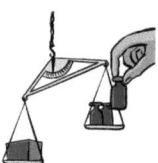

баркашидан

tụọ

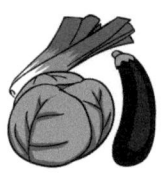

сабзавот

akwụkwọ nri

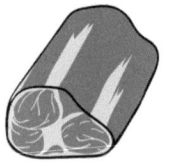

гӯшт

anụ

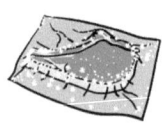

хӯроки яхбаста

nri oyi kpọnwụrụ

илимҳои борик буридаи гушт
anụ oyi

озуќаворї консервонидашуда
nri komkom

хокаи либосшӯй
ntụ ọsịsa

ширинӣ
ihe ụtọ

асбоби рӯзгор
ngwaahịa ụlọ

воситаҳои тозакунанда
ngwaahịa nhicha

фурӯшанда
onye n'ere ahịa

касса
rue

кассир
onye okwu ugwo

рӯихати харидкунӣ
ndepụta izụ ahịa

соат ифтитоҳи
awa mmepe

ҳамён
obere akpa

корти кредитӣ
kaadị akwụmụgwọ

ҷузъдо
akpa

пакет
akpa rọba

супермаркет - ụlọ ahịa

нӯшокиҳои
ihe ọṅụṅụ

об
mmiri

шарбат
ihe ọṅụọṅụ

шир
mmiri ara

кола
mmanya otobiri kooku

шароб
mmanya

оби ҷав
biya

машрубот
mmanya na egbu egbu

какао
koko

чой
tii

қаҳва
kọfị

эспрессо
kofi

каппучино
cappuccino

таъом
nri

банан
unere

себ
apụl

норанҷӣ
oroma

харбуза
egwusi

лимӯ
oroma nkịrịsị

сабзӣ
karọt

сир
galiki

бамбук
achara

пиёз
yabasị

занбӯруғ
ero

чормағз
akụ

угро
nri eriri

спагеттӣ
spaghetti

биринҷ
osikapa

салат
nri ahihia

картошкаи қоқақ
ibe

картошкабирён
nduku eghere eghe

Pizza
pizza

гамбургер
achicha

бутербурод
sanwichi

шнитсел
anụ

гӯшти намакардаи хук
apata ụkwụ ezi

ҳасиби салямӣ
salami

ҳасиб
sọseeji

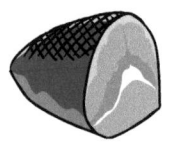

мурғ
ọkụkọ

кабоб
ihunuoku

моҳӣ
azụ

ярмаи ҷав	омехтаи ғалладонагӣ	ярмаи ҷуворимакка
nri ọka	nri ututu	ọka

орд	кулчақанд	кулчақанд
ntụ ọka	achịcha	mpịakọta achịcha

нон	як порча нони бирён	кулчачаҳои қандин
achịcha	tost	biskit

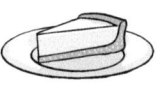

маска	творог	пирог
bọta	achịcha	achịcha

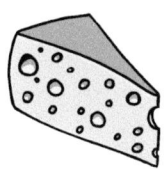

тухм	тухм бирён	панир
akwa	akwa eghere eghe	chiiz

таъом - nri

яхмос	шакар	асал
ihe nracha	shuga	mmanụ aṅụ

мураббо	хамираи ҳалво	Curry
jam	gbasaa shuga	kọrị

ферма
ugbo

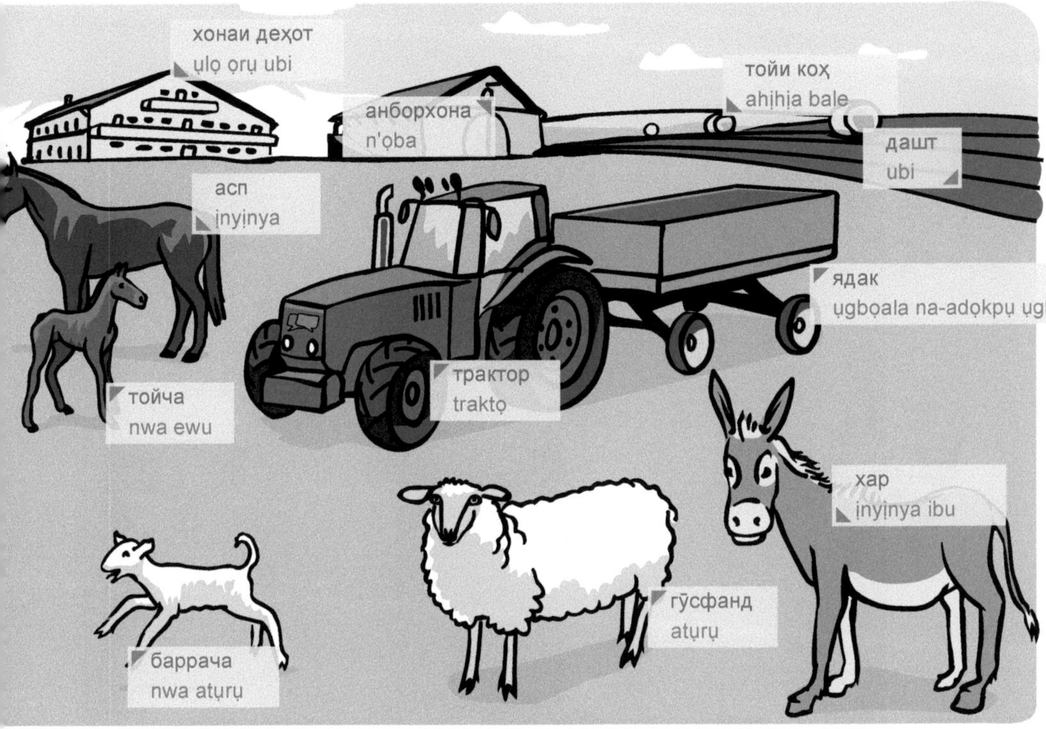

хонаи деҳот
ụlọ ọrụ ubi

анборхона
n'ọba

тойи коҳ
ahịhịa bale

дашт
ubi

асп
ịnyịnya

ядак
ụgbọala na-adọkpụ ụgbọ

тойча
nwa ewu

трактор
trakto

хар
ịnyịnya ibu

гӯсфанд
atụrụ

баррача
nwa atụrụ

буз

mkpi

гов

ehi

гӯсола

nwa ehi

хук

ezi

хукча

nwa ezi

буққа

ehi

ғоз
ọgazị

мурғобӣ
odoguma

чӯҷа
nwa okuko

мурғ
nne okuko

хурӯс
oke ọkpa

каламуш
oke

гурба
pusi

муш
oke

барзагов
ehi

саг
nkịta

хоначаи саг
nkịta ụlọ

рӯдаи резинӣ
paipu nhicha ogige

камобӣ метавонад
iko mgbara mmiri

дос
scythe

сипори шудгоркунии замин
ịkọ

ферма - ugbo

доси
mma ọhịa

каланд
ogu

панҷшоха
fọk ahihia

табар
anyu-ike

ароба
wiilbaro

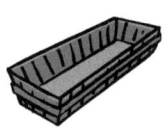

охур
ubi

зарфи ширгирӣ
komkom mmiri ara ehi

халта
akpa

девор
ngere

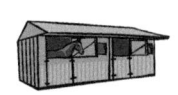

мӯътадил
ụlọanụ

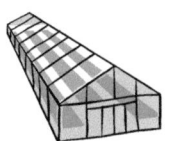

гармхона
ulo glaasi

хок
ala

тухмӣ
mkpụrụ

нуриҳо
fatịlaịza

комбайни ғаллағундорӣ
njikọta ihe ubi

ферма - ugbo

ҳосил
owuwe ihe ubi

ҳосил
owuwe ihe ubi

yams
ji

гандум
ọka wit

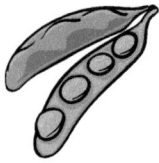

лубиж
soya

картошка
nduku

ҷуворӣ
ọka

донаи маъсар
mkpụrụ osisi

дарахти мева
osisi mkpụrụ osisi

manioc
akpu

ғалладона
nri ọka

ферма - ugbo

хона
ụlọ

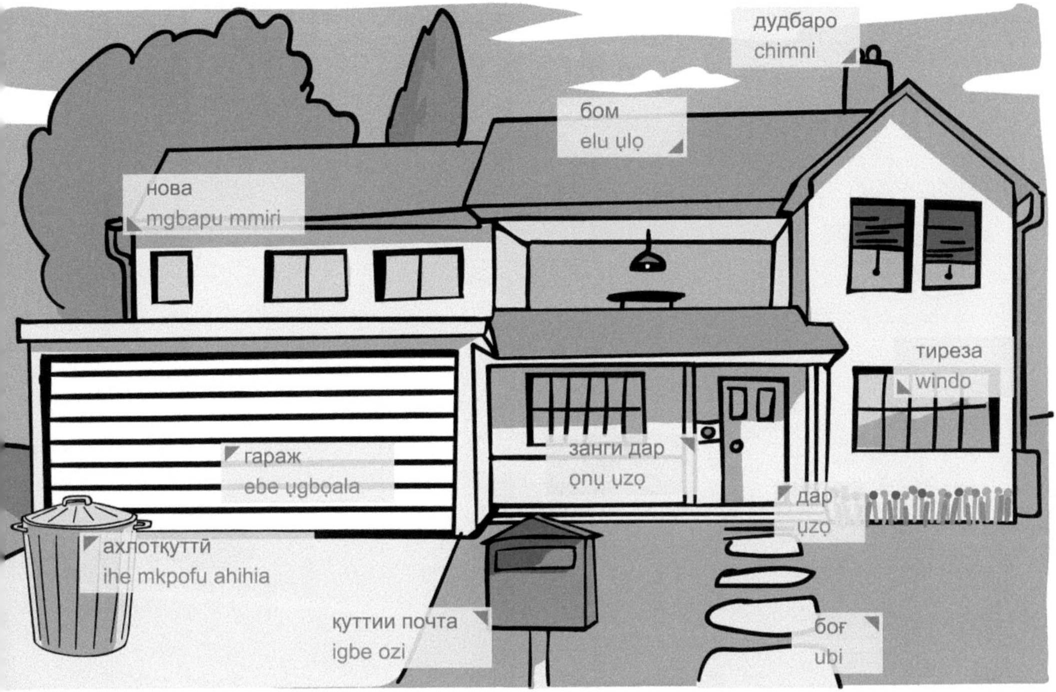

- дудбаро / chimni
- бом / elu ụlọ
- нова / mgbapu mmiri
- тиреза / windo
- гараж / ebe ụgbọala
- занги дар / ọnụ ụzọ
- дар / ụzọ
- ахлотқуттӣ / ihe mkpofu ahihia
- қуттии почта / igbe ozi
- боғ / ubi

мехмонхона
ime ụlọ ezumike

ҳамом
ụlọ ịsa ahụ

ошхона
usekwu

хонаи хоб
ime ụlọ

ҳуҷраи кӯдакона
ụlọ nwa

ошхона
ime ụlọ erimeri

хона - ụlọ

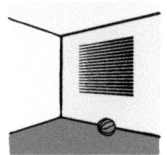

ошёна
ala

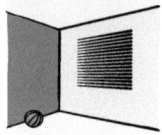

девор
mgbidi

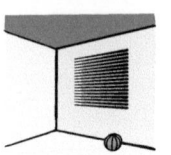

шифт
uko ụlọ

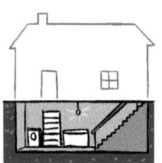

тагзаминӣ
okpuru ụlọ

сауна
sawụna

балкон
ihu mbara

суфача
mbara ihu ulo

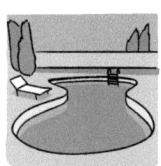

ҳавз
ọdọ mmiri

мошини алафдарав
igwe eji asụ ahịhịa

варақ
mpempe akwụkwọ

кампал
ihe ndina akwa

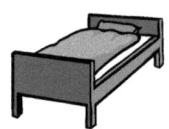

кат
akwa ndina

ҷорӯб
aziza

сатил
bọket

калид
mgba ọkụ

хона - ụlọ

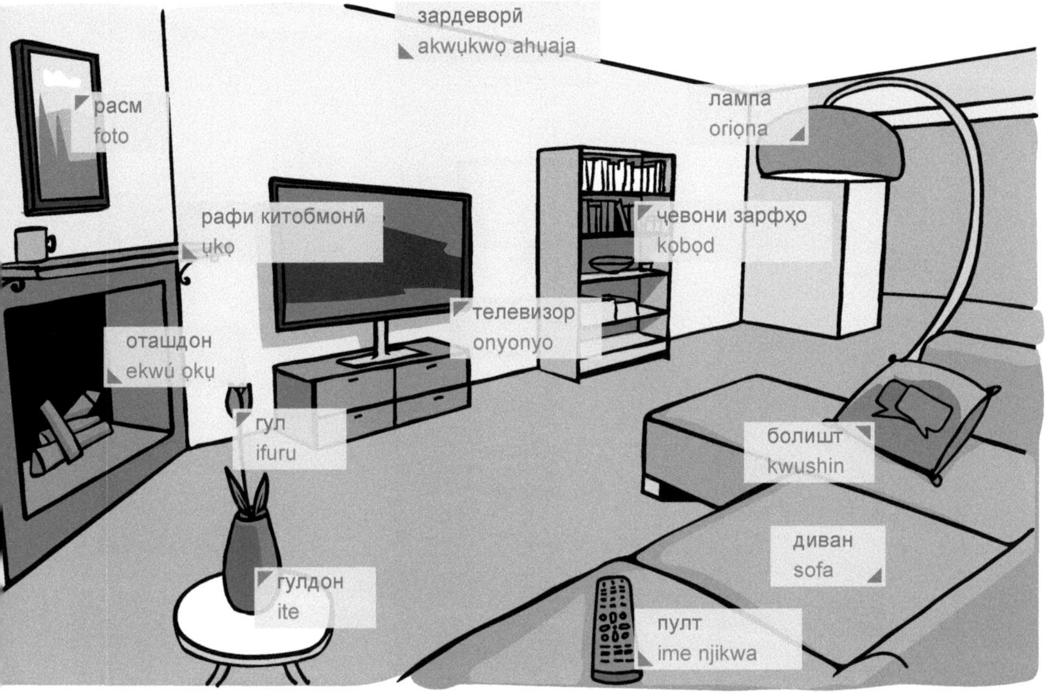

мехмонхона
ime ụlọ ezumike

- расм / foto
- зардеворӣ / akwụkwọ ahụaja
- лампа / oriọna
- рафи китобмонӣ / ukọ
- чевони зарфҳо / kobọd
- оташдон / ekwú ọkụ
- телевизор / onyonyo
- гул / ifuru
- болишт / kwushin
- гулдон / ite
- диван / sofa
- пулт / ime njikwa

қолин
kapeeti

парда
ákwà mgbochi

мизи
tebụl

курсӣ
oche

rocking кафедраи
mkpatụ oche

курсӣ
oche

китоб
akwụkwọ

курпа
akwa mkpuchi

ороиш
ihe ochicho mma

ҳезум
nkụ

филм
ihe nkiri

дастгоҳи hi-fi
ngwa hi-fi

калид
igodo

рӯзнома
akwụkwọ akụkọ

расм
eserese

эълон
posta

радио
redio

китобчаи қайдҳо
akwụkwọ ozi

чангкашак
igwe nhicha ala

кактус
kaktus

шам
kandụl

34 мехмонхона - ime ụlọ ezumike

ошхона
usekwu

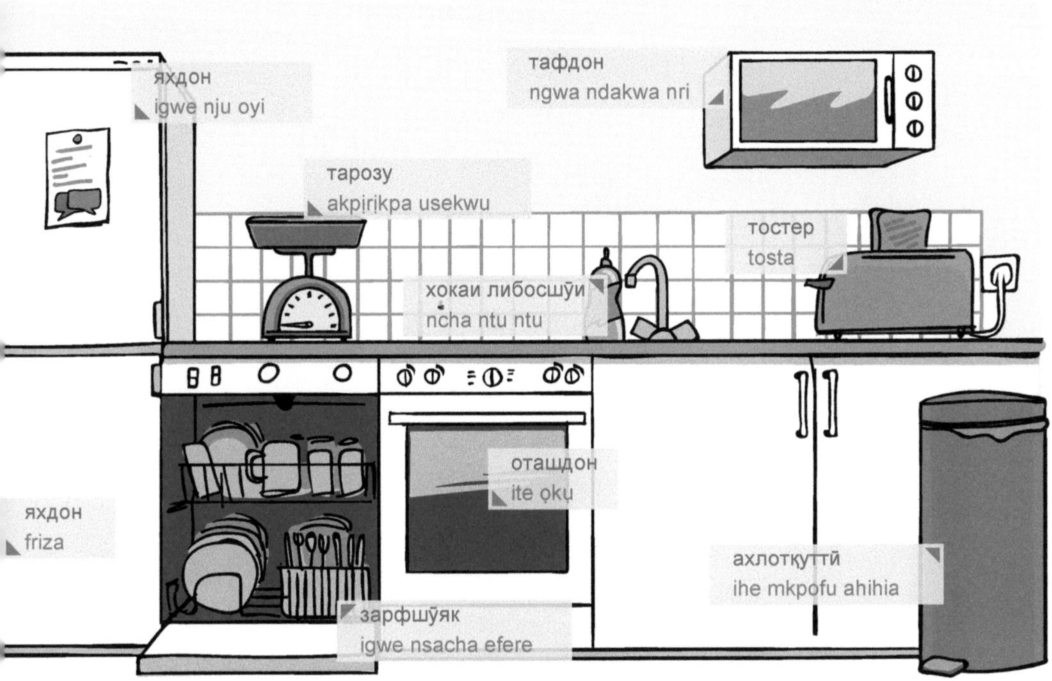

яхдон
igwe nju oyi

тафдон
ngwa ndakwa nri

тарозу
akpịrịkpa usekwu

тостер
tosta

хокаи либосшӯи
ncha ntu ntu

оташдон
ite ọkụ

яхдон
friza

ахлоткуттӣ
ihe mkpofu ahihia

зарфшӯяк
igwe nsacha efere

плита
osi ite

тубак
ite

дег
ite-igwe

дег / кадӣ
wok / kadai

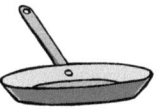

тоба
ite mmanụ ọkụ

чойник
ketulu

steamer
ụzọkụ

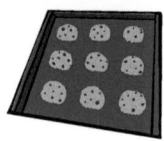

лист
efere nri

зарф
ite mmiri

кружка
iko

коса
nnukwu efere

чубаки хурокхӯрӣ
osisi

кафлези
ngazi

кафлези ҳамвор
ngazi mmanụ ọkụ

whisk
ntụgharị

strainer
nje

элак
nyọ

турбтарошак
nkwọ

миномет
ikwe

Кабоб Кардан
anụ mmịkpọ

оташ кушод
imeghe oku

ошхона - usekwu

тахтаи резакунӣ

bọọdụ ncha ihe

чӯба

osisi mgbati

пӯккашак

ihe mmeghe mmanya

банка

komkom

консервокушояк

ihe mmeghe komkom

дастак

ite njide

дастшӯяк

efere nsacha

чӯтка

ihe nsa eze

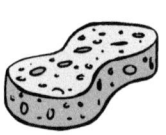

исфанҷ

ogbo

блендер

nkwori

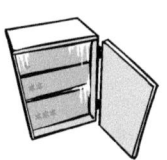

сармодон

friza

шишача

karama nwa

ҷумак

mkpọrụ mmiri

ошхона - usekwu

ҳамом
ụlọ ịsa ahụ

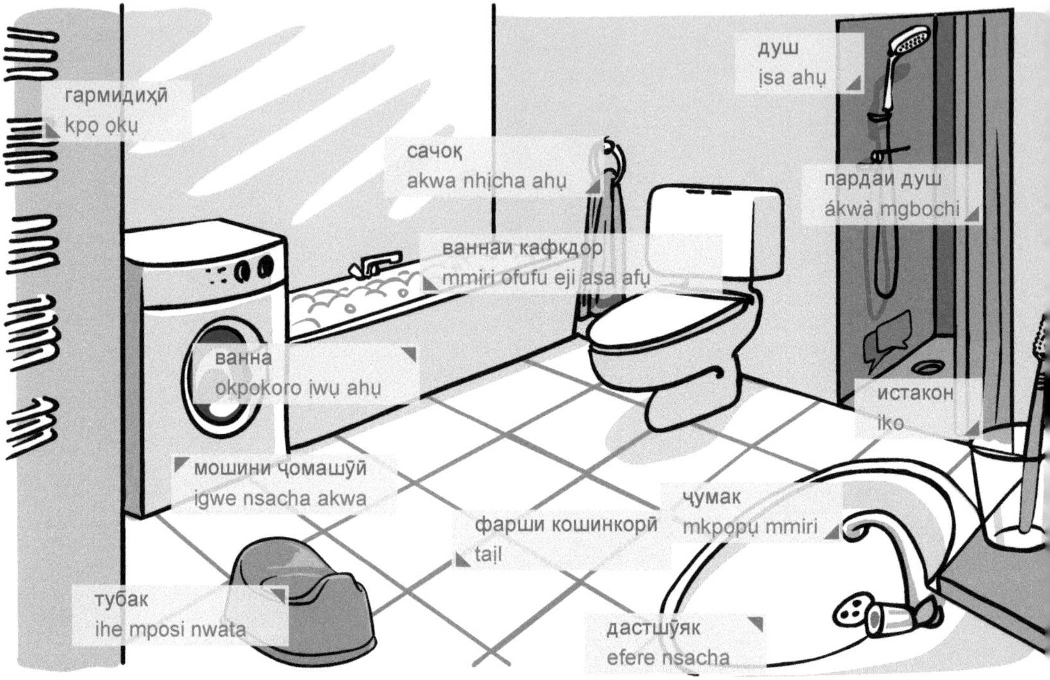

- душ — ịsa ahụ
- гармидиҳӣ — kpọ ọkụ
- сачоқ — akwa nhịcha ahụ
- пардаи душ — ákwà mgbochi
- ваннаи кафкдор — mmiri ofufu eji asa afụ
- ванна — okpokoro iwụ ahụ
- истакон — iko
- мошини ҷомашӯй — igwe nsacha akwa
- чумак — mkpọrụ mmiri
- фарши кошинкорӣ — tajl
- тубак — ihe mposi nwata
- дастшӯяк — efere nsacha

ҳоҷатхона

ụlọ mposi

нишастгоҳи халоҷои рӯйфаршӣ

mposi squat

биде

basin eji asa ebe nzuzo ahu

ҳоҷатхонаи мардона

ebe inyu mmamịrị oha

коғази ташноб

akwụkwọ mposi

чӯткаи ҳоҷатхона

ahihia ụlọ mposi

дандоншӯяк

brọsh

хамираи дандоншӯи

ihe nhicha eze

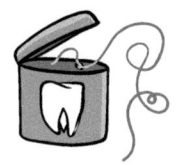

риштаи дандонтозакунӣ

nhicha eze

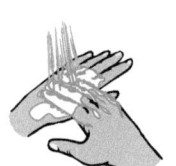

шӯстан

saa

души дастӣ

ịsa aka

обшӯй

isa mmiri showa

ҳавза

nnukwu efere nsacha

шона кардани мӯй

agba ahịhịa eji ete penti

собун

ncha

гел барои душ

ncha mmiri nsa ahu

шампун

ncha ntutu

бумазӣ

uwe ajiajuru

заҳкаш

mgbapu mmiri

крем

ude

дезодорант

senti

ҳамом - ụlọ ịsa ahụ

оина
enyo

оинаи дастӣ
enyo aka

риштарошаки барқи
rezo

кафк барои риштарошӣ
ụfụfụ ịkpụ afụ

оби мушкини баъди риштарошӣ
mgbe emechara aji

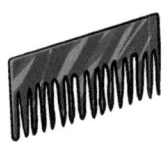

шона
mbo

чӯтка
ahịhịa

мӯйхушкунак
okponku ntutu

лак барои мӯй
lhe mmiri ana agba na isi

косметика
ntecha

лабсурхкунак
mmanụ ọnụ

лок барои нохун
ntecha mbọ aka

пахта
owu

қайчии нохунгирӣ
mkpa mbọ aka

атриёт
senti

ҷузвдони косметики
akpa uwe

қазои ҳоҷат
oche

тарозу
erikpu

хилъат
akwa towelu

дастпӯшак резина
gloovu roba

тампон
ihe mkpuchi obara ogbugbua

дастмоли санитарӣ
ihe mkpuchi nso nwanyi

био-ҳоҷатхона
ụlọ mposi

ҳамом - ụlọ ịsa ahụ

ҳуҷраи кӯдакона

ụlọ nwa

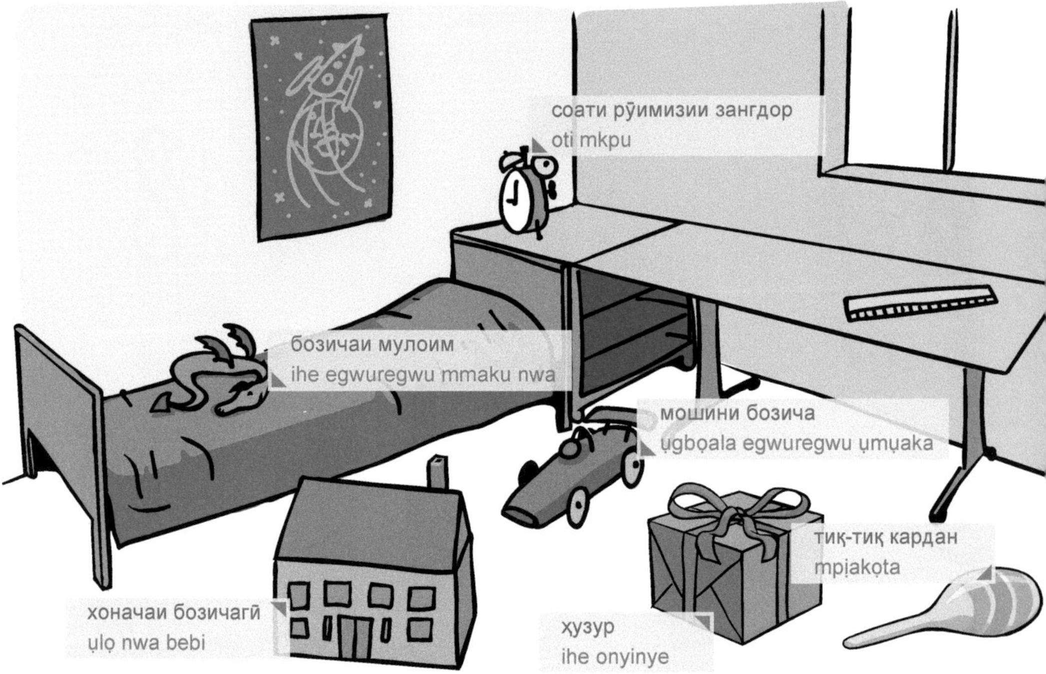

соати рӯимизии зангдор
oti mkpu
бозичаи мулоим
ihe egwuregwu mmaku nwa
мошини бозича
ụgbọala egwuregwu ụmụaka
тиқ-тиқ кардан
mpịakọta
хоначаи бозичагӣ
ụlọ nwa bebi
ҳузур
ihe onyinye

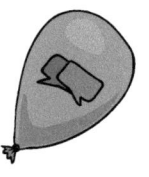

пуфак

balun

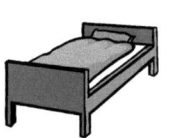

кат

akwa ndina

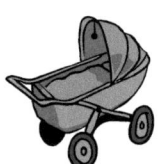

аробочаи кудакона

ihe obu nwa

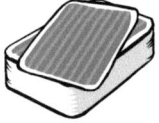

маҷмӯи кортҳо

oche kaadị

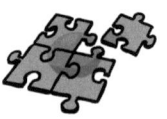

бозии муамоёбӣ

egwuregwu mgbagwoju anya

SUPER
MEGA

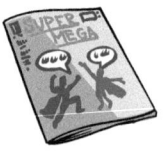

комикс

na-atọ ọchị

хиштҳои лего
lego brik

мағозаи бозичафурӯхтан
ihe owuwu ụlọ

рақам амал
ihe ngosi ọgụ

либоси ғаваккашӣ
utonwa

фрисби
ihe egwuregwu diski na efe efe

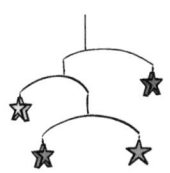

мобилӣ
mbughari

лавҳачаи бозӣ
bọọdụ egwuregwu

кубик
dais

маҷмӯи модели қатора
nlereanya ụgbọ okporo ígwè

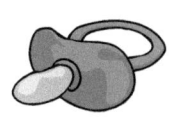

пистонак
ihe oyiri mmadu eji egosi akwa

ҳизб
otu

китоби расм
akwụkwọ foto

тӯб
bọọlụ

лӯхтак
nwa bebi

бози кардан
kpọọ

ҳуҷраи кӯдакона - ụlọ nwa

қуттии рег

olulu aja

арғунчак

janglova

бозича

ihe egwuregwu gasi

консоли бозиҳои видеоӣ

ihe egwuregwu vidiyo

велосипеди сечарха

ogbatumtum

хирсаки бахмалии патдор

ihe egwuregwu ụmụaka

чевон

wodrobu

либос
uwe

ҷӯроб

sọks

ҷӯроби соқбаланд

sọks

колготки

uwe ime ahu

гарданпеч
ichafu

чатр
nche anwụ

футболка
uwe elu

тасма
eriri ukwu

пойафзол
akpụkpọ ụkwụ

шиппак
slipa

кроссовки
akpụkpọ ụkwụ njem

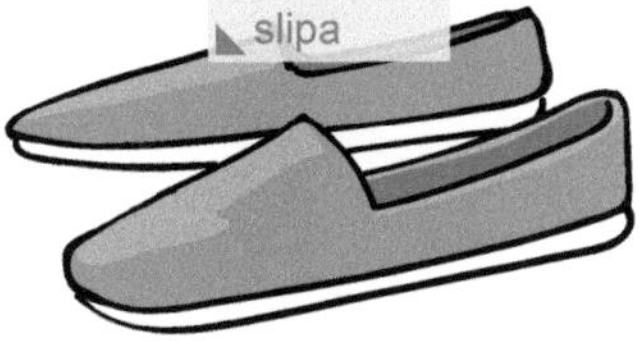

босоножкй
akpụkpọ ụkwụ

пойафзол
akpụkpọ ụkwụ

музаи резинй
akpụkpọ ụkwụ roba

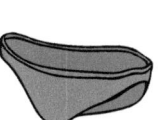

турсй
uwe ime ahu

синабанд
efe ara

майка
uwe na enweghi aka

либос - uwe

бадан
ahụ

шим
trauza

чинс
trauza siri ike

юбка
sket

куртаи нимтаи занона
uwe elu nwanyị

курта
uwe elu

свитер
akwa njuoyi eji isi eyi

свитер
uwe njuoyi

пичак
jakeeti

нимтана
jakeeti

палто
ochu oyi uwe elu

плаш
akwa mmiri

костюм
ekike

куртаи занона
uwe ogologo

либос тӯйи
uwe agbamakwụkwọ

костюм
uwe suutu

куртаи хоб
uwe abalị

пижама
pajamas

Сари
uwe umunwanyi Indian

рӯймол
mkpuchi isi

салла
okpu

ниқобу
akwa mkpuchi ihu

кафтан
uwe ogologo nwanyi

абая
abaya

либоси обозӣ
akwa mmiri

эзорчаи шиноварии мардона
uwe eji egwu mmiri

шорти
nịika

либоси варзишӣ
uwe mmega ahụ

пешбанд
uwe nchekwa

дастпӯшак
uwe aka

либос - uwe

тугма
boṭinụ

айнак
ugegbe anya

дастпона
mgbaaka

гарданбанд
eriri olu

ангуштарин
mgbanaka

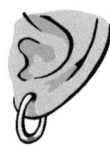

гӯшвора
ola nti

кулоҳ
okpu

либосовезак
ihe nkowe uwe elu

кулоҳ
okpu

галстук
tai

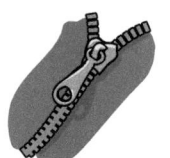

занҷирак
nzichi

тоскулоҳ
okpu agha

шимбардор
ihe njide eze

либоси мактабӣ
uwe ụlọ akwụkwọ

либоси
mbonotu

пешгир
ọghọ nri nwa

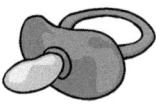

пистонак
ihe oyiri mmadu eji egosi akwa

подгузник
akwa nwanye nwa

идора
ụlọ ọrụ

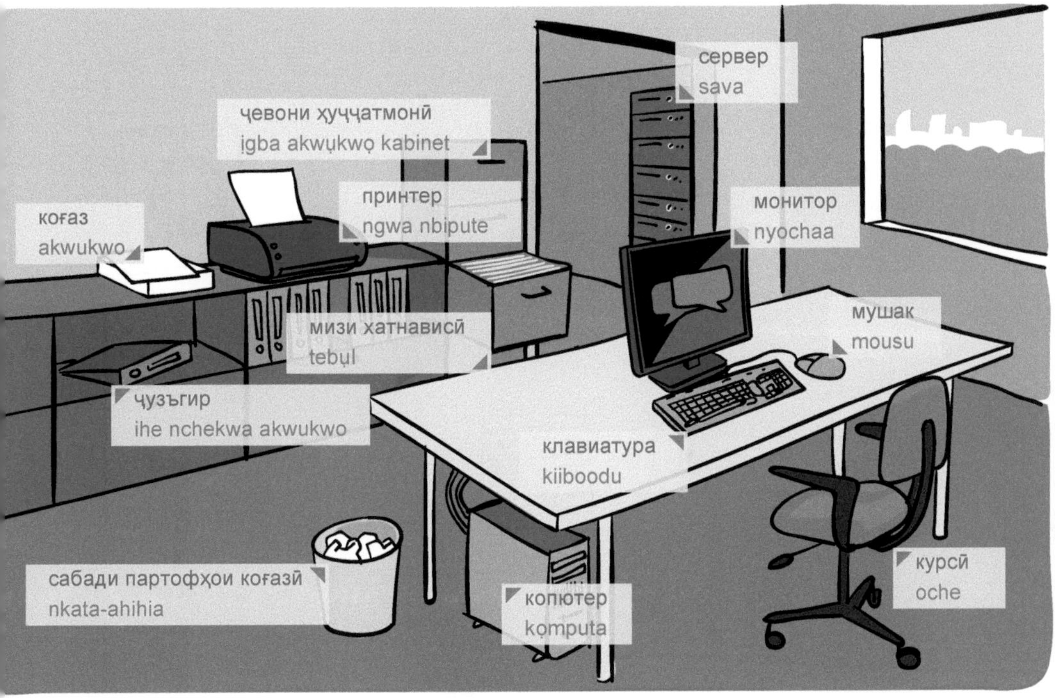

- сервер / sava
- чевони ҳуҷҷатмонӣ / igba akwụkwọ kabinet
- принтер / ngwa nbipute
- коғаз / akwukwo
- монитор / nyochaa
- мизи хатнависӣ / tebụl
- мушак / mousu
- чузъгир / ihe nchekwa akwukwo
- клавиатура / kiiboodu
- сабади партофҳои коғазӣ / nkata-ahihia
- копютер / kọmputa
- курсӣ / oche

кружкаи қаҳванӯшӣ
iko kọfị

калкулятор
igwe mgbakọ

интернет
ịntaneti

идора - ụlọ ọrụ

49

ноутбук
laptọọpụ

мактуб
leta

хабар
ozi

телефони мобилӣ
mkpanaka

шабака
netwọk

нусхабардор
ihe mbiputa

нармафзор
ngwanrọ

телефон
ekwentị

розетка
ebe nkwụnye

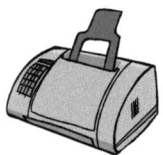
факс
igwe fax

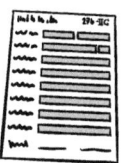
шакл
ụdị

ҳуҷҷат
akwụkwọ

идора - ụlọ ọrụ

иқтисодиёт
akụnụba

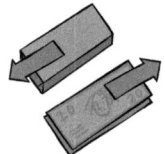
харидан
zụta

пардохт
kwuo ugwo

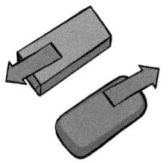
савдо
ahia

пул
ego

доллар
ego ndi Amerika

евро
ego ndi Eruopu

йен
ego ndi japanizi

рубл
ego ndi Rusian

франки швейцариягӣ
Switzerland franc

юан
renminbi yuan

рупй
ego ndi Indian

нуқтаи нақд
ebe akwụmụgwọ

иқтисодиёт - akụnụba

нуқтаи мубодилаи асъор

ebe mgbanwe ego

тилло

ọla edo

нуқра

ọlaọcha

равғани растанӣ

mmanụ

энерги

ume

нарх

ọnụahịa

шартнома

nkwekọrịta

андоз

ụtụ

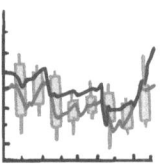

саҳмия

ngwaahịa

кор

ọrụ

хизматчӣ

onye ọrụ

соҳибкор

onye were gị n'ọrụ

завод

ụlọ ọrụ mmeputa ngwahia

сехи

ụlọ ahịa

касбҳо
aka ọrụ

корманди полис
onye uwe ojii

сӯхторхомушкун
onye mmenyu oku

ошпаз
esi nri

духтур
dibia bekee

халабон
ọkwọ ụgbọelu

боғбон
onye na-elekọta ubi

чӯбтарош
ọkwa nkà

дӯзанда
akwa nwanyị

судя
ọka ikpe

кимиёшинос
kemist

актер
onye ome ihe nkiri

касбҳо - aka ọrụ

ронандаи автобус
ọkwọ ụgbọ ala

таксист
ọkwọ ụgbọ ala

моҳигир
onye ọkụ azụ

фаррошзан
nwanyị nhicha

устои бомпӯш
roofer

пешхизмат
onye na-ebu nri

шикорчӣ
dinta

расом
onye na-ese ihe

нонвой
onye osi ite

барқ
onye ndozi ọkụ eletrik

сохтмончӣ
onye na-ewu ụlọ

инженер
njinia

қассоб
onye na-egbu anụ

устои шабакаи об
plọmba

хаткашон
onye ozi

сарбоз

onye agha

меъмор

onye na-ese ụkpụrụ ụlọ

кассир

onye okwu ugwo

гулфурӯш

ore fulawa

сартарош

onye na-edozi ntutu isi

кондуктор

kondokto

механик

onye n'arụzi ụgbọala

капатан

onyeisi

духтури дандон

dibia bekee eze

олим

ọkà mmụta sayensị

хохом

rabaị

имом

imam

шайх

mọnk

саркоҳин

ụkọchukwu

касбҳо - aka ọrụ

асбобҳо
ngwaọrụ

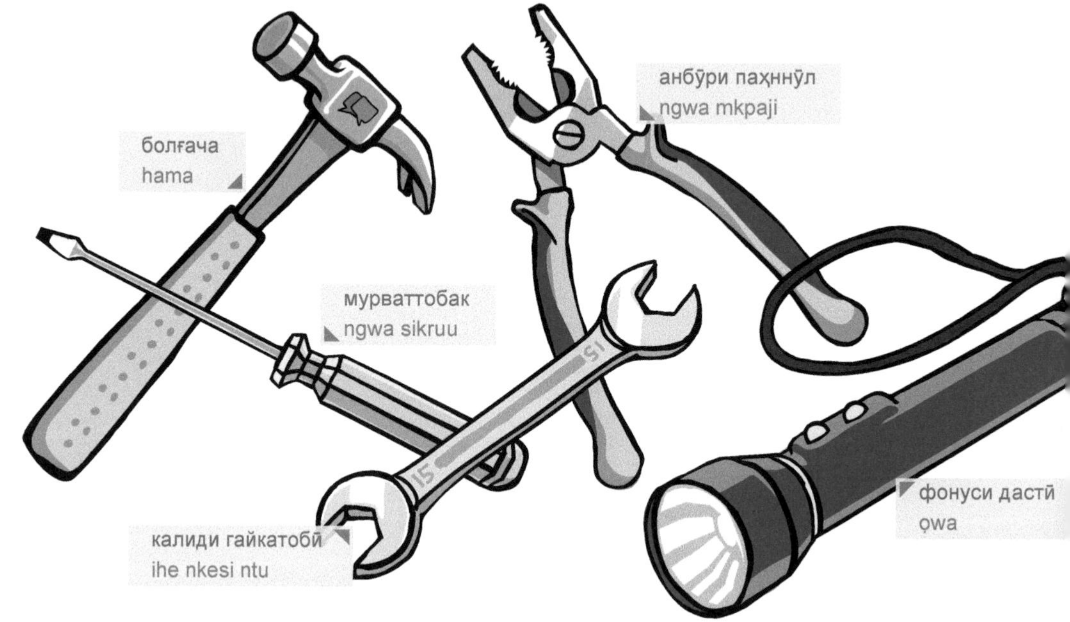

болғача
hama

анбӯри паҳннӯл
ngwa mkpaji

мурваттобак
ngwa sikruu

фонуси дастӣ
ọwa

калиди гайкатобӣ
ihe nkesi ntu

экскаватор
igwu ala

қутии асбобҳо
igbe ngwaọrụ

зинапоя
ubube

appa
nkwọ

мехҳо
mbọ

пармаи электрикӣ
igwe mkpọpu

таъмир
mezie

бел
ihe eji egwu ala

Сабил монад!
Ụchụ!

белчаи хокрӯбагирӣ
efere ájá

сатили ранг
ite agba

мехи печдор
ntu

асбобҳои мусиқӣ
ngwa egwu

- динамик — nkwuputa ụda
- асбоби нақоразанӣ — ihe eji eme ihe
- гитара — jita
- контрабас — okpukpu abụọ
- карнай — opi

пианино
kiibọọdụ

ғиччак
violin

бас-гитара
bass

нақораи поядор
timpani

нақора
ịgba

клавиатура
kiibọọdụ

саксофон
sasofone

най
ojà

баландгӯяд
igwe okwu

боғи ҳайвонот
zuu

даромад
uzo mbata

паланг
agu

қафас
onu

гӯрхар
inyinya ohia

хӯроки чорво
nri anumanu

панда
panda

ҳайвонот

anumanu

фил

enyi

кенгуру

kangaruu

каркадан

rhino

горилла

ozodimgba

хирси бӯр

anu ohia

боғи ҳайвонот - zuu 59

шутур
kamel

шутурмурғ
enyí nnụnụ

шер
ọdụm

маймун
enwe

бутимор
flamingo

тӯти
icheku

хирси сафед
anụ ọhịa

пингвин
nnunu mmiri

наҳанг
akụm

товус
ekwuru ụlọ

мор
agwo

тимсоҳ
agụ iyi

посбон
onye na-elekọta zuu

сил
mechie

ягуар
agu

боғи ҳайвонот - zuu

аспи кӯтоҳқад
inyinya

леопард
agụ owuru

баҳмут
anụ ohịa

заррофа
girraaf

уқоб
ugo

хуки ваҳшӣ
ezi ohịa

моҳӣ
azụ

сангпушт
mbe

морж
anụ mmiri

рӯбоҳ
nkịta ohịa

ғизол/оху
mgbada

боғи ҳайвонот - zuu

варзиш
egwuregwu

футболи амрикои
Egwuregwu boolu America

велосипедронӣ
igba ígwè

теннис
tenis

баскетбол
bọl nkata

шиноварӣ
igwu mmiri

бокс
iku okpo

хоккей
hockey akpụrụ mmiri

футбол
bọọlụ

бадмингтон
badminton

атлетика
egwuregwu

гандбол
bọl aka

лижаронӣ
egwuregwu ski

тӯббозӣ бо асп
egwuregwu ịnyịnya

варзиш - egwuregwu

фаъолият
ihe omume

- паридан — malie elu
- оғӯш гирифтан — mmakụ
- ханда — chịa ọchị
- пиёда рафтан — jee ije
- шеър хондан — buo
- ибодат кардан — kpee ekpere
- бӯса кардан — isusu ọnụ
- орзӯ кардан — nrọ

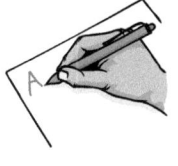

навиштан

dee

кашидан

see

нишон додан

gosi

тела додан

kwaa

додан

nye

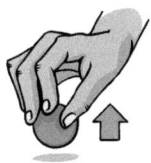

гирифтан

nara

фаъолият - ihe omume 63

доранд
nwee

кор
mee

бошад
ịbụ

истодан
guzoro

давидан
gbaa ọsọ

кашидан
dọọ

партофтан
tufuo

афтидан
daa

дароз кашидан
ụgha

интизор шудан
chere

бардошта бурдан
buru

нишастан
nọdụ ala

либос пӯшидан
yi uwe

хобин
hie ụra

бедор шудан
kulie

нигоҳ кардан
lee anya

гиря кардан
tie mkpu

сила кардан
ọrịa strok

шона
mbo

гап задан
kwuo

фаҳмидан
ighọta

пурсидан
jụọ

гӯш кардан
gee ntị

нӯштдан
ihe ọnụnụ

хӯрдан
rie

ғундоштан
dozie

ишқ
ịhụnanya

ошпаз
isi nri

рондан
kwọọ

парвоз кардан
ofufe

фаъолият - ihe omume

бо бодбон ҳаракат кардан
ụgbọ

ҳисоб кардан
gbakọọ

хондан
gụọ

омӯхтан
na-amụta

кор
ọrụ

оиладор шудан
lụọ

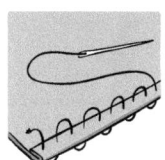
дӯхтан
idu

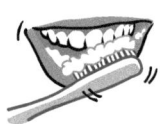
дадон шӯстан
ahịhịa ezé

куштан
gbue

дуд
anwụrụ ọkụ

фиристодан
zipu

оила
ezinụlọ

биби
nne nne

бобо
nna nna

падар
nna

модар
nne

кӯдак
nwa

хоҳар
nwa nwanyị

писар
nwa nwoke

меҳмон

ọbịa

хола

nwanne nne/nna

амак

nwanne nna/nne

бародар

nwanne

хоҳар

nwanne

оила - ezinụlọ

бадан
ahụ

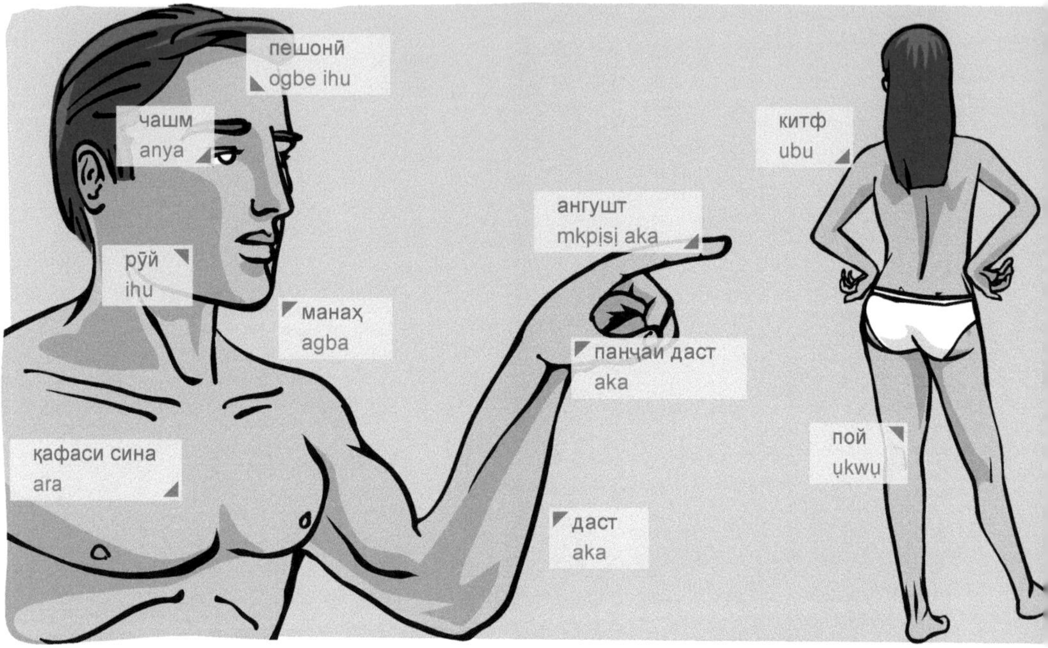

пешонӣ / ogbe ihu
чашм / anya
рӯй / ihu
манаҳ / agba
қафаси сина / ara
ангушт / mkpịsị aka
панҷаи даст / aka
даст / aka
китф / ubu
пой / ụkwụ

кӯдак
nwa

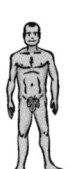

мард
nwoke

зан
nwanyị

духтар
nwa nwanyị

писар
nwa nwoke

сар
isị

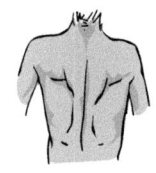

пушт
azu

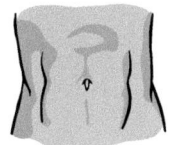

шикам
afọ

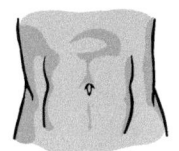

ноф
otubo

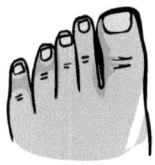

ангушти пой
mkpisi ukwu

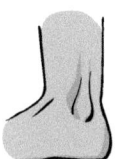

пошнаи пой
ikiri ụkwụ

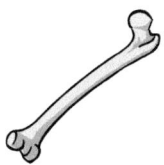

устухон
ọkpụkpụ

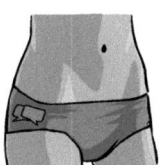

рон
ukwu

зону
ikpere

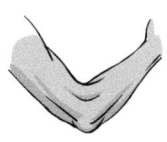

оринҷ
ikpere aka

бинӣ
imi

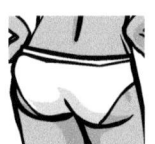

таг
ike

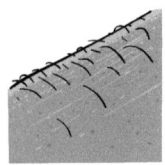

пӯст
akpụ kpọ ahụ

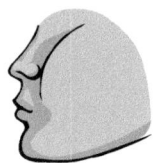

рухсора
nti

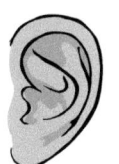

гӯш
ntị

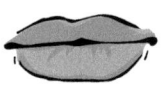

лаб
egbugbere ọnụ

бадан - ahụ

даҳон
ọnụ

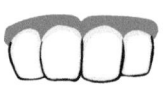

дадон
eze

забон
ire

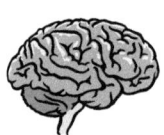

майнаи сар
ụbụrụ

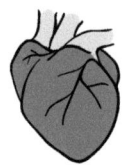

дил
mkpụrụ obi

мушак
akwara

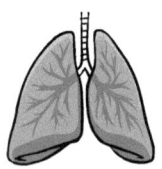

шуш
akpa ume

ҷигар
umeji

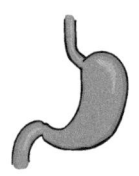

меъда
afọ

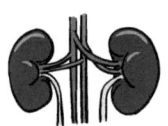

гурдаҳо
akụrụ

алоқаи ҷинсӣ
mmekọahụ

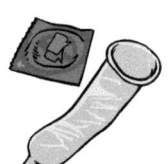

рифола
kondom

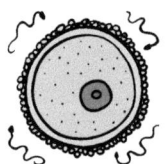

тухмҳуҷайра
akwa nwanyị

нутфа
ọbara ọcha

ҳомиладорӣ
afọ ime

бадан - ahụ

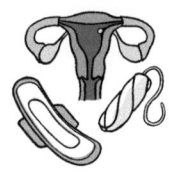
ҳайз
nsọ nwanyị

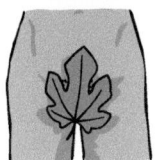
маҳбал
ọtụ

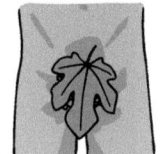
кер
amụ

абрӯ
nku anya

мӯй
ntutu

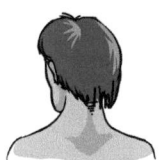
гардан
olu

бадан - aḥụ

бемористон
ụlọ ọgwụ

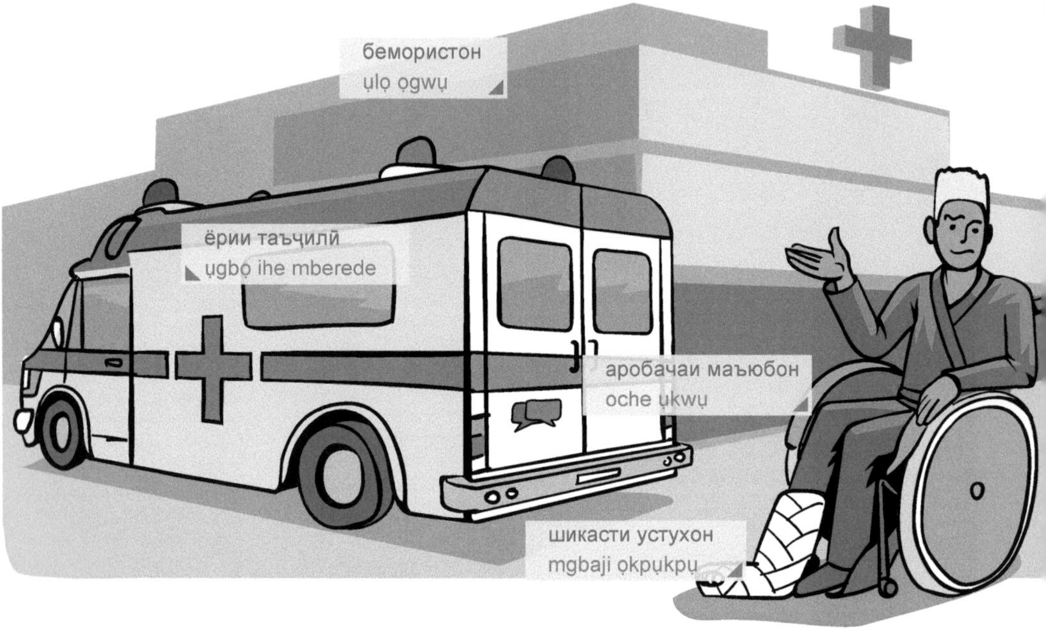

- бемористон / ụlọ ọgwụ
- ёрии таъҷилӣ / ụgbọ ihe mberede
- аробачаи маъюбон / oche ụkwụ
- шикасти устухон / mgbaji ọkpụkpụ

духтур

dibia bekee

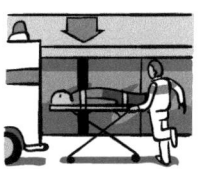

ҳуҷраи ёрии фаврӣ

ụlọ mberede

ҳамшираи тиббӣ

nọọsụ

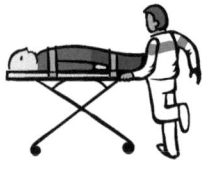

ҳолати фавкулодда

mberede

беҳуш

amaghị ihe ọ bụla

дард

ụfụ

чароҳат
mmerụ ahụ

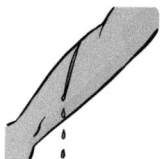

хунравӣ
agba ọbara

дилзанак
obi nkolopu

сактаи майна
ọrịa strok

аллергия
nke ahu anataghi

сулфа
ụkwara

табларза
ahụ ọkụ

грипп
ọrịa flu

шикамравӣ
afọ ọsịsa

сардард
isi ọwụwa

саратон
kansa

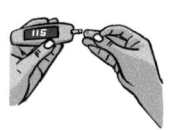

диабет
ọrịa shuga

ҷарроҳ
dọkịta na-awa ahu

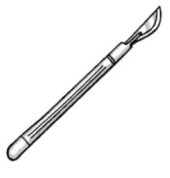

скалпел
mma eji awa ahụ

ҷарроҳӣ
iwa ahụ

бемористон - ụlọ ọgwụ

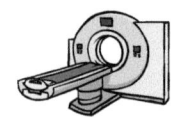

Томографияи компютерӣ
CT

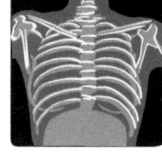

шӯъои ренгенӣ
x-ree

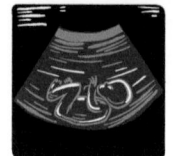

ултрасадо
nyocha ime ahu

ниқоби рӯй
nkpuchi ihu

беморӣ
ọrịa

ҳуҷраи интизорӣ
ebe nchekwa

асобағал
mkpara

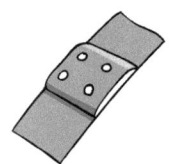

марҳам
nnyachi

дока
bandeeji

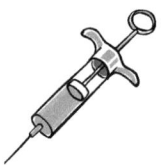

сӯзандору
ọgwụ ọgbụgba

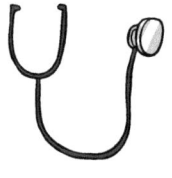

стетоскоп
stetoskop

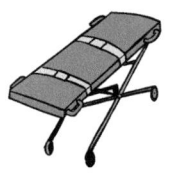

занбар
Igwe eji ibu mmadu

ҳароратсанҷ
temometa ụlọgwụ

таваллуд
ọmụmụ

вазни зиёдатӣ
ibufe oke ibu

бемористон - ụlọ ọgwụ

таҷҳизоти шунавой
enyemaka ịnụ ihe

моддаи безараргардонӣ
mmiri ọgwụ nje

инфексия
ọrịa nje

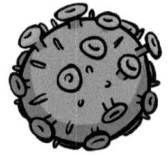
вирус
nje

ВИЧ / СПИД
Ọrịa HIV/AIDS

дору
ọgwụ

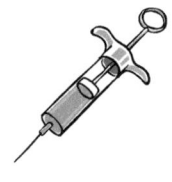
ваксинатсия
ịgba ọgwụ mgbochi ọrịa

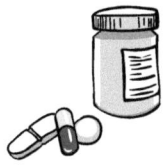
ҳабҳо
mkpụrụ ọgwụ

ҳаб
mkpụrụ ọgwụ

занги изтирорӣ
oku mberede

монитори фишори хун
nyochaa ọbara mgbali

бемор/солим
na-arịa ọrịa / ahụike

бемористон - ụlọ ọgwụ

ҳолати фавқулодда
mberede

Кумак!
Nyerem aka!

ҳушдор
oti mkpu

ҳуҷум
wakpo

ҳамла
ọgụ

хатар
ihe egwu

баромадгоҳи таҳлиявӣ
ụzọ ọpụpụ mberede

Сӯхтор!
Ọkụ!

оташнишон
mmenyu ọkụ

садама
ọghọm

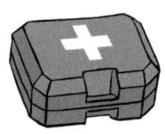

дорукуттӣ
akpa enyemaka mbụ

бонги хатар
SOS

полис
ndị uwe ojii

замин
Ụwa

Аврупо
Europe

Америкаи Шимолӣ
North Amerika

Америкаи Ҷанубӣ
South Amerika

Африка
Africa

Осиё
Eshia

Австралия
Ọstrelia

Уқёнуси Атлантик
Atlantic

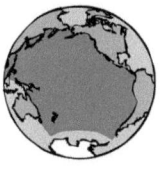

Уқёнуси Ором
Pasifik

Уқёнуси Ҳинд
Oke Osimiri Indian

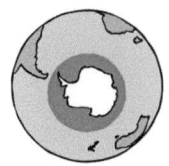

Уқёнуси Антарктика
Oke Osimiri Antarctic

Уқёнуси Арктика
Oke Osimiri Arctic

Қутби шимол
Ebe Ugwu

Қутби ҷануб	Антарктика	замин
Ebe Ọdịda anyanwu	Antarctica	Ụwa

замин	баҳр	ҷазира
ala	oké osimiri	agwaetiti

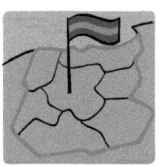 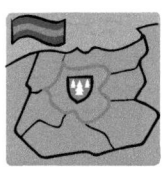

миллат	давлат
mba	steeti

замин - Ụwa

вақт
elekere

сиферблат
ihu elekere

ақрабаки соат
aka awa

ақрабаки дақиқашумор
aka nkeji

ақрабаки сонияшумор
ihe ejigoro

Соат чанд?
Kedu ihe na-akụ?

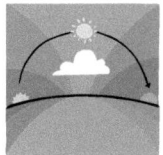

рӯз
ụbọchị

замон
oge

ҳозир
ugbu a

соати электронӣ
elekere dijitalụ

лаҳза
nkeji

соат
awa

ҳафта
izu

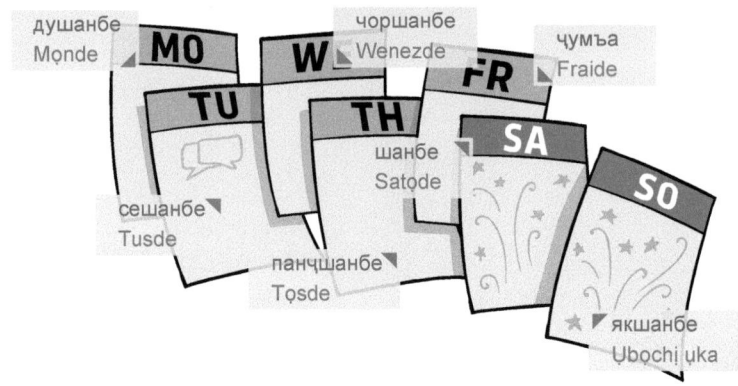

дирӯз
ụnyaahụ

имрӯз
taa

фардо
echi

пагоҳирӯзӣ
ututu

нимрӯз
ehihie

шом
mgbede

рӯзҳои корӣ
ụbọchị azụmahịa

истироҳат
izu ụka

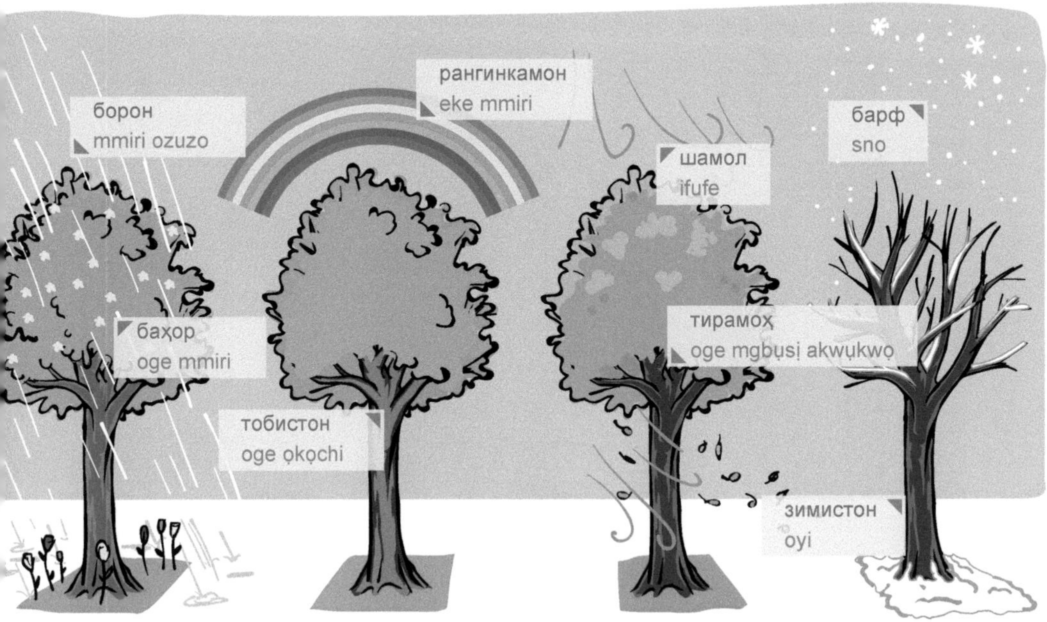

сол
afọ

борон
mmiri ozuzo

рангинкамон
eke mmiri

шамол
ifufe

барф
sno

баҳор
oge mmiri

тирамоҳ
oge mgbusi akwụkwọ

тобистон
oge ọkọchi

зимистон
oyi

Обу ҳаво

amụma ihu igwe

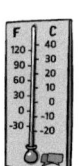

ҳароратсанҷ

temometa

равшании офтоб

anwụ

абр

igwe ojii

туман

foogu

намнок

iru mmiri

барқ
àmụmà

тундар
égbè eluigwe

тӯфон
oké mmiri ozuzo

жола
aki mmiri

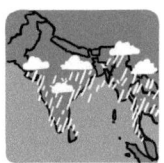

муссон
udu mmiri

обхезӣ
ide mmiri

ях
aiz

январ
Jenụwarị

феврал
Febụwarị

март
Machị

апрел
Eprel

май
Mee

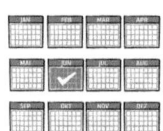

июн
June

июл
Julaị

август
Ọgọst

сол - afọ

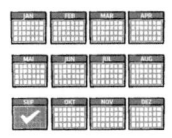
сентябр
Septemba

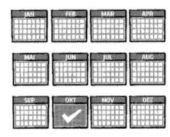
октябр
Oktọba

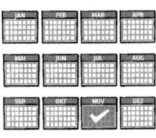
ноябр
Nọvemba

декабр
Disemba

баст
ụdị

давра
okirikiri

мураббаъ
akuku anọ

росткуньа
rektangulu

секуньа
akuku atọ

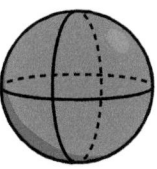
сoњaи
okirikiri

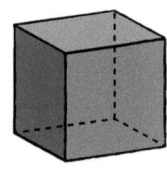
мукааб
igbe

рангҳо
na agba

гулобӣ
acha ọcha

хокистаранг
acha edo edo

зард
acha oroma

бунафшранг
acha pink

сурх
acha uhie uhie

қаҳваранг
acha odo odo

кабуд
acha anụnụ anụnụ

сиёҳ
acha akwụkwọ ndụ

кабуд
acha aja aja

сафед
acha isi awọ

сабз
eji oji

мухолифат
mmegide

бисёр/кам

otutu / ntakịrị

хашмгин / ором

iwe / jụụ

зебо/безеб

mara mma / jọrọ njọ

оғози / охири

mbido / njedebe

калон/хурд

nnukwu / obere

дурахшон / торик

na-enwu / ọchịchịrị

бародари / хоҳар

nwanne nwoke / nwanne nwanyị

тоза/чиркин

dị ọcha / unyi

пурра / нопурра

mezue / ezughi ezu

рӯзи / шаб

ụbọchị / abalị

мурдагон / зинда

nwụrụ anwụ / dị ndụ

кушод/танг

obosara / warara

хӯрданӣ /
хӯрданашаванда
oriri / erighi

ojoo / obioma

бад/нек

ба ҳаяҷон / дилгир

obi uto / nkiti gwuru

ғавс/борик

abuba / mkpa

якум/охирин

mbu / ikpeazu

Дӯсти / душмани

enyi / iro

пур/холӣ

juru eju / efu

сахт/мулоим

ike / adu

вазнин/сабук

aro / mfe

гуруснагӣ / ташнагӣ

aguu / akpiri ikpo nku

бемор/солим

na-aria oria / ahuike

ғайриқонунӣ / ҳуқуқӣ

n'uzo na ezighi ezi / iwu

соҳибақл / беақл

onye nwere ogugu isi / onye nzuzu

рост/чап

aka ekpe / aka nri

наздик/дур

di nso / tere anya

нави / истифода бурда мешавад
ọhụrụ / jiri

ҳеҷ / чизе
enweghi ihe / enwere ihe

пир/ҷавон
agadi / nwata

оид / хомӯш
gbanye / gbanyụọ

кушода/пӯшида
mepe / mechie

паст/баланд
jụụ / dara ụda

бой/камбағал
ọgaranya / ogbenye

дуруст/нодуруст
ziei ezi / ezighi ezi

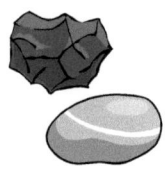

дурушт/ҳамвор
siri ike / larịị

ғамгин/хушбахт
mwute / obi ụtọ

кӯтоҳ/дароз
mkpụmkpụ / ogologo

оҳиста/тез
nwayọọ / ngwa ngwa

тар/хушк
dị mmiri / kpọrọ nkụ

гарм / сард
na-ekpo ọkụ / dị jụụ

ҷанг / сулҳ
agha / udo

мухолифат - mmegide

ададҳо
nọmba

0 нол — efu

1 як — otu

2 ду — abụọ

3 се — atọ

4 чор — anọ

5 панҷ — ise

6 шаш — isii

7 ҳафт — asaa

8 ҳашт — asatọ

9 нӯҳ — itolu

10 даҳ — iri

11 ёздаҳ — iri na otu

12
дувоздаҳ
iri na abu̧o̧

13
сенздаҳ
iri na ato̧

14
чордаҳ
iri na ano̧

15
понздаҳ
iri na ise

16
шонздаҳ
iri na isii

17
ҳабдаҳ
iri na asaa

18
ҳаждаҳ
iri na asato̧

19
нуздаҳ
iri na itoolu

20
бист
iri abu̧o̧

100
сад
nari̧

1.000
ҳазор
puku

1.000.000
миллион
nde

забонҳо
asụsụ

англисӣ

Bekee

англисии амрикой

Asụsụ Bekee

мандарини хитой

Asụsụ ndị China

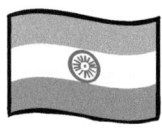

ҳиндӣ

Asụsụ ndị Hindi

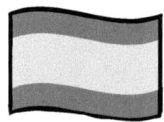

испанӣ

Asụsụ ndị Spain

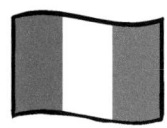

фаронсавӣ

Asụsụ ndị France

арабӣ

Asụsụ ndị Arab

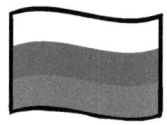

русӣ

Asụsụ ndị Russia

португалӣ

Asụsụ ndị Portugal

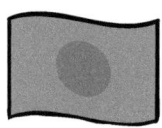

бенгалӣ

Asụsụ ndị Bengal

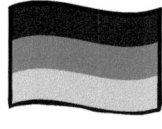

олмонӣ

Asụsụ ndị German

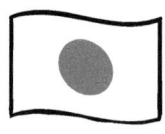

чопонӣ

Asụsụ ndị Japan

ки / чиро / тавр
onye / ihe / olee

ман
M

шумо
gị

Ў / вай / он
ya / ya / ya

мо
anyị

шумо
gị

онҳо
ha

ки?
onye?

чй?
gịnị?

Чй хел?
kedu?

дар кучо?
ebe?

кай?
mgbe ole?

ном
aha

дар кучо
ebee

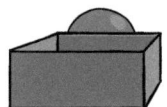

аз паси

n'azụ

дар

n'ime

дар пеши

n'ihu

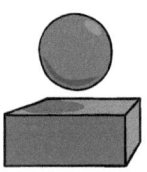

дар болои

gafee

дар рӯи

na

дар зери

n'okpuru

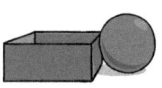

дар назди

n'akụkụ

миёни

n'etiti

ҷой

ebe